少林武术精粹系列丛书

少林拳（六）

德虔　德炎　编著

北京体育大学出版社

责任编辑：任　侠
责任校对：赵红霞
版式设计：李　鹤

图书在版编目（CIP）数据

少林拳. 六 / 德虔, 德炎编著. -- 北京 : 北京体育大学出版社, 2022.1
（少林武术精粹系列丛书）
ISBN 978-7-5644-3568-4

Ⅰ. ①少… Ⅱ. ①德… ②德… Ⅲ. ①少林拳－套路(武术) Ⅳ. ①G852.15

中国版本图书馆CIP数据核字(2022)第007615号

少林拳（六）
SHAOLINQUAN(LIU)　　德虔　德炎　编著

出版发行：北京体育大学出版社
地　　址：北京海淀区农大南路1号院2号楼2层办公B-212
邮　　编：100084
网　　址：http://cbs.bsu.edu.cn
发 行 部：010-62989320
邮 购 部：北京体育大学出版社读者服务部 010-62989432
印　　刷：北京昌联印刷有限公司
开　　本：880mm × 1230mm　　1/32
成品尺寸：148mm × 210mm
印　　张：1.5
字　　数：30千字
版　　次：2022年1月第1版
印　　次：2022年1月第1次印刷
定　　价：10.00元

前　言

武术作为中国的国粹，是中华民族传统文化的组成部分。家喻户晓的少林武术便是其中极具代表性的门类，是中国武术的重要象征。

我社与少林武术结缘已久，伴随着时光的流逝，有多种内容、多样组合、各种形式的载有少林武术的出版物，源源不断地从我社注入市场，为方兴未艾的少林武术热潮平添了更高的热度。可以说，少林武术图书一直与我社相伴相随，成为我社具有长期出版价值的图书门类。其中，少林武术图书的编纂者——已故的王长青（法号释德虔）先生功不可没。他经年累月锲而不舍，寻于寺院、觅于乡间，挖掘出大量尘封的少林武术资料，继而分门别类梳理、整饬成一册册书稿，并与我社携手努力，打造出独树一帜的武术图书板块，为我社的武术图书出版打开了新局面。

今天，在着力弘扬中华优秀传统文化，树立和增强文化自信的大背景下，我社将以往出版的少林武术书籍重新进行了编排，以全新的面貌推出“少林武术精粹系列丛书”，这是我社多年来少林武术出版情结的延续，是对积累和沉淀的少林武术资源的再一次整合与展示，更紧密契合了时代的要求。

通过这套书，读者可以研习刚柔相济、闪转腾挪的少林功夫，可以感悟其中凝结的中华智慧，可以领略武术文化的博大精深……这便是我社对这套书出版价值的期待。

目　录

七路罗汉十八手

动作名称

预备势

1. 转身撩掌
2. 浪子踢球
3. 夜叉反臂
4. 鸿雁展翅
5. 罗汉扛膀
6. 鸿雁展翅
7. 黑熊出洞
8. 马步垂手
9. 狮子张口
10. 白鹤亮翅
11. 提膝亮掌
12. 双拍蝴蝶
13. 巧踢鸳鸯脚
14. 挽弓射雕
15. 腋下藏花
16. 雁落沙滩
17. 小鬼亮牌
18. 金绞剪

收　势

动作图解

预备势

两脚并拢立正；两臂下垂，五指并拢，贴于大腿外侧，掌心向里，掌指向下；身体挺直；目视前方。（图 1）

1. 转身撩掌

左脚向左跨一步，两脚蹍地，向左转体 90 度，顺势左脚向前半步成左虚步；同时，左掌向左前方撩打，掌心向前；右掌随势向前下方劈，然后抖腕晃掌；目视前方。（图 2）

图 1

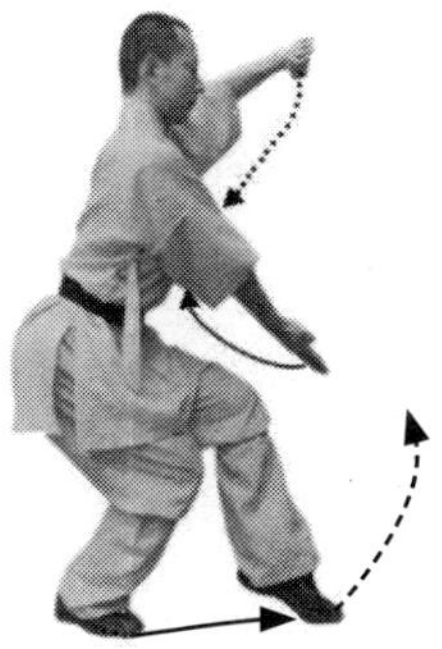

图 2

2. 浪子踢球

左脚先起，向前踮跳一步，落地后，速抬右腿向前弹踢；同时，两臂屈肘，两手握拳抱于腰间；目视右脚。（图 3）

3. 夜叉反臂

右脚下落于左脚前一步，左脚向前上一步，与右脚成并步；同

时两拳变掌，右掌向外撩打，然后向前反臂掴掌，左掌由外向内拍击右手背（响亮）；目视两手。（图4）

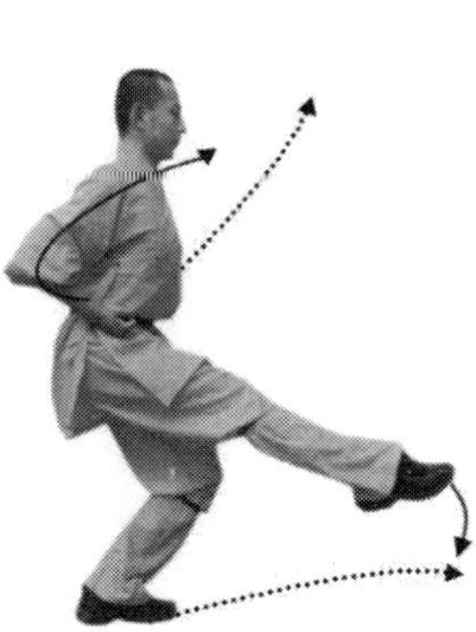

图3

图4

4. 鸿雁展翅

左脚不动，右脚向外迈一步，两腿屈膝半蹲成马步；同时，两掌经胸前向两侧展臂推掌，掌指向上，掌心向外；目视前方。（图5）

5. 罗汉扛膀

左脚不动，右脚向前上一步，左腿蹬直，右腿屈膝成右弓步；同时，左臂向左屈肘，左掌护于胸前；目视前方。（图6）

6. 鸿雁展翅

左脚向前上一步，两脚蹍地，向右转体90度，两腿屈膝半蹲成马步；同时，两掌向两侧展臂推出，掌指向上，掌心向外；目视前方。（图7）

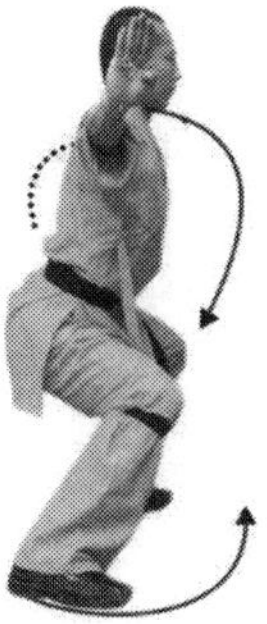

图 5

图 6

图 7

7. 黑熊出洞

两脚踩地，向右转体 90 度，左脚向前上一步，震右脚（响亮）；同时，两掌由后向前扒；上体略向前俯；目视左侧。（图 8）

8. 马步垂手

右脚不动，左脚向前上一步，两脚踩地，向右转体 90 度，同时，两掌向两侧展臂推出，掌指向上，掌心向外；目视前方。（图 9）

图 8

图 9

9. 狮子张口

两脚蹍地，向左转体 90 度，左脚后收落于右脚内侧成左丁步；同时，左掌由前向后撩，然后再向前下方打；右掌向外向下画弧，然后架于头右上方；目视前方。（图 10）

10. 白鹤亮翅

两脚向前跳一大步，接着提右膝成独立势；同时，右掌向内再向右侧展臂向下斜撩；左掌由前随势向左后方展臂扬掌；目视右掌。（图 11）

11. 提膝亮掌

右脚下落于左脚前一步，两脚蹍地，向左转体 180 度，右脚向前上一步；两掌由前向后撩打；然后左腿提膝前顶；同时左掌向前推击，掌心向前；右臂屈肘，右掌护于左上臂内侧；目视左掌。（图 12）

12. 双拍蝴蝶

左脚下落于右脚前半步，右脚向前上一步，两膝略屈；臀向后坐；同时两掌在胸前环弧，然后向前下方拍打，掌心向下；目视两掌。（图 13）

图 10

图 11

图 12

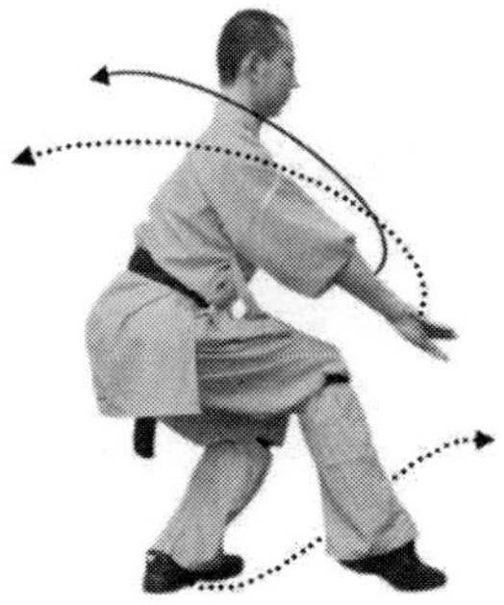

图 13

13. 巧踢鸳鸯脚

起身，重心前移，左脚向前侧踹，同时两掌由前向后撩摆；目

视左脚。（图 14）

14. 挽弓射雕

左腿后摆，落于身体后一步，两脚踝地，向左转体 90 度，右腿屈膝，左腿蹬直成右弓步；同时，右掌向前抓，然后右臂屈肘拉回，置于胸前；左掌向前推；目视左前方。（图 15）

图 14

图 15

15. 腋下藏花

两脚踝地，向右转体 90 度，收右脚落于左脚前半步，重心后移，两腿屈膝沉体；同时，左掌由内向外向上画弧，然后架于头左上方，掌心向前；右臂屈肘，右掌由右向左推掌，藏于左腋下；目视前方。（图 16）

16. 雁落沙滩

左脚向前上一步，向左转体 90 度，顺势两腿屈膝全蹲，两腿成叉步；同时，两掌向两侧展臂托手；目视左侧。（图 17）

图 16

图 17

17. 小鬼亮牌

起身，右脚前跨一步，两脚踝地，向右转体180度，成右虚步；同时，右掌向右侧亮掌，掌心向前，掌指向上；左掌向前抓，然后左臂屈肘，左掌变拳，抱于胸侧；目视右掌。（图18）

图 18

18. 金绞剪

左脚支撑，右腿提膝成独立势；同时，左拳变掌前摆，右掌外掠，

然后抖肘，反掌向上，两臂交叉，掌心向外，掌指向上；目视前方。（图19）

收 势

右脚下落于左脚内侧成并步；同时，两掌由上向外向下画弧，然后再向下垂臂，掌贴于大腿外侧，掌心向里；身体挺直；目视前方。（图20）

图19

图20

八路罗汉十八手

动作名称

预备势

1. 双手推窗
2. 仙姑托盘
3. 野马上槽
4. 画眉上架
5. 双手关门
6. 见缝插针
7. 白鹤展翅
8. 金鸡盘腿
9. 麟麟抖爪
10. 罗汉避法
11. 老僧拜佛
12. 夜叉过河
13. 白蛇吐信
14. 猛虎拉羊
15. 老僧拜佛
16. 小鬼踢蹬
17. 仙姑照镜
18. 雄狮张口

收　势

动作图解

预备势

两脚成八字步站立；两臂下垂，五指并拢，掌心向里，掌指向下；身体挺直；目视前方。（图 1）

1. 双手推窗

左脚向左跨一步，两脚踞地，向左转体 90 度，左腿向前一步屈膝，右腿蹬直成左弓步；同时，两掌向前推出，掌指向上，掌心向前；目视两掌。（图 2）

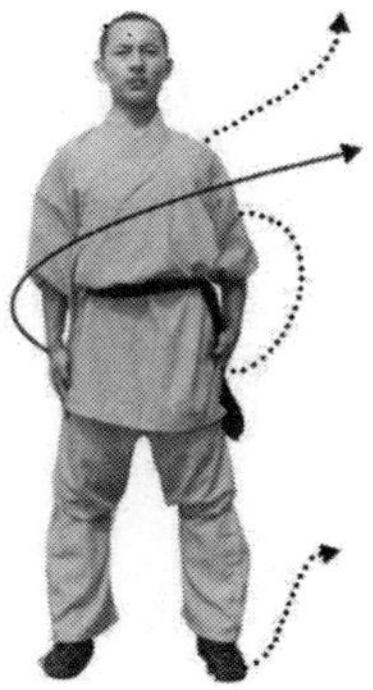

图 1

图 2

2. 仙姑托盘

左脚不动，重心前移，顺势提右膝前顶，悬盘于左腿右侧成独立势；同时，两掌由胸前抢出，左前右后，左高右低，左掌心向右，右掌心向上，两掌指向前；目视前方。（图 3）

3. 野马上槽

右脚向前落一步，左脚顺势由左向右泼扫；同时，右掌向前，屈肘抖掌，掌心向上；左掌由前向后甩成勾手；目视右掌。（图 4）

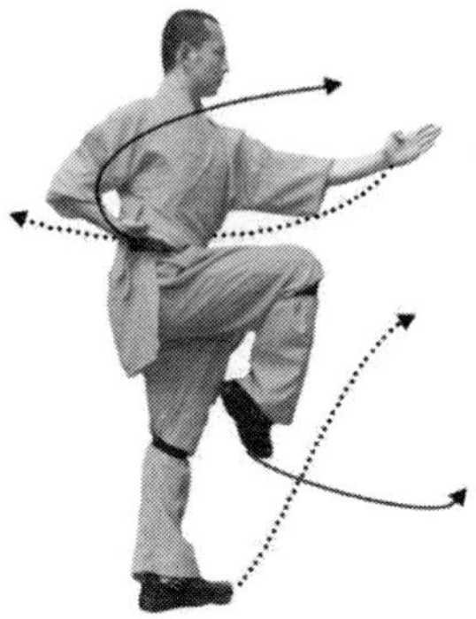

图 3

图 4

4. 画眉上架

左脚落于右脚前半步，脚尖点地，左腿屈膝成左虚步；同时，左手变掌由后向前，右掌由前向后回胸前画弧；然后左臂屈肘，左掌前推，掌心向前；右掌护于左肘内侧；目视左掌。（图 5）

5. 双手关门

右脚向前上一步，两脚蹍地，向左转体 90 度，震右脚（响亮）与左脚成并步，两腿屈膝略蹲；同时，两掌由外向内再向胸前合击（响亮），掌心相对；目视前方。（图 6）

6. 见缝插针

左脚为轴，右脚左跨，顺势向左转体 90 度，右腿屈膝成右弓步；

同时右掌向前穿插，掌心向下；左掌向后撩打成勾手；目视右掌。（图7）

图5

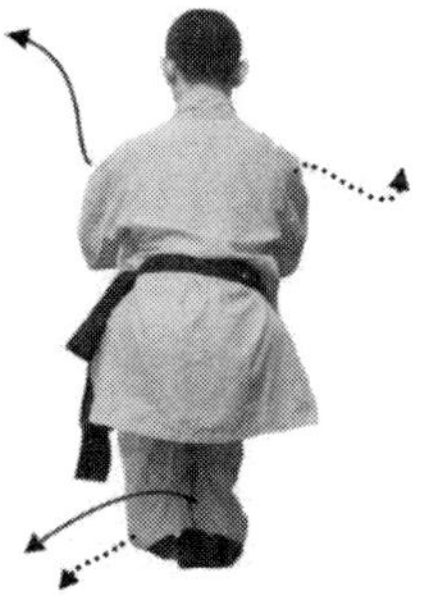

图6

图7

7. 白鹤展翅

右脚支撑，重心前移，左腿向前弹蹬；同时，右掌由前抖肘沉掌；左掌由后向前甩打，然后向后甩成勾手；目视前方。（图8）

8. 金鸡盘腿

左脚下落于右脚前一步，身体前移，顺势摆右膝前顶；同时，两掌由外向内在胸前下方环弧成下叉手；目视前方。（图 9）

图 8

图 9

9. 麟麟抖爪

右脚下落于左脚前半步，左腿向前弹蹬，右膝略屈，身体略沉；同时右掌向前推掌，左掌向后甩成勾手；目视前方。（图 10）

10. 罗汉避法

左脚下落于右脚前一步，两脚踬地，向右转体90度，两腿屈膝成马步；同时，两掌由外向内再向胸前环弧，然后右臂屈肘，右掌扣手，左掌向左架肘亮掌；目视前方。（图11）

11. 老僧拜佛

两脚踬地，向右转体 90 度，左脚向前上一步，右脚跟一步，顺势两腿屈膝半蹲；同时，两臂屈肘，两掌向前合掌，掌心相对；目视

两掌。（图 12）

12. 夜叉过河

左脚向前上半步，两腿成左弓步；同时右掌由前向后撩打，然后再向前摆托；左掌由前向后甩成勾手；目视前方。（图 13）

图 10

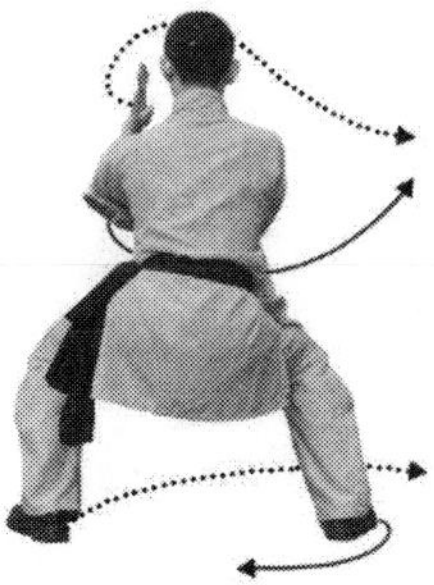

图 11

图 12

图 13

13. 白蛇吐信

右脚向前上一步，右腿屈膝成右弓步；同时，右掌向前上方抢出，掌心向上，掌指斜向前；左掌向左撩打，然后端于腰间；目视右掌。（图 14）

14. 猛虎拉羊

左脚向前上一步，两脚踬地，向右转体 90 度，右腿屈膝，左腿蹬直成左仆步；同时，右掌随势向右外侧撩打，然后上架于右侧上方，掌心斜向前，左掌向左侧下方劈打，掌心向上；目视左掌。（图 15）

图 14

图 15

15. 老僧拜佛

两脚踬地，向左转体 90 度，右脚向前上半步，落于左脚后，两腿微蹲成左虚步；右掌随势向前与左掌同时在胸前屈肘合掌，掌心相对，掌指向上；目视两掌。（图 16）

16. 小鬼踢蹬

右脚不动，抬左腿向前弹踢；同时，右掌由上向下拍打，掌心向上，左掌向后撩打成勾手；目视右掌。（图17）

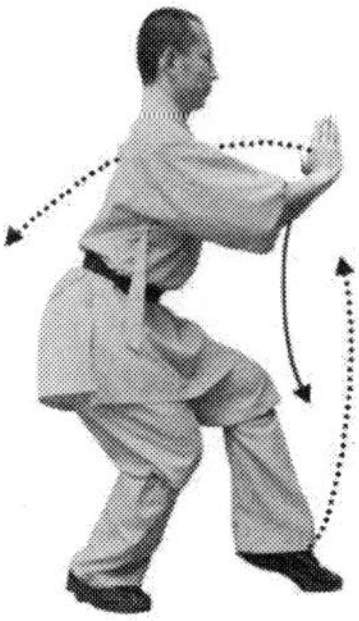

图 16

图 17

17. 仙姑照镜

左脚下落于右脚前一步，右脚向前上半步，向左转体 90 度，两腿屈膝下蹲成虚步；同时，右臂向左屈肘劈打；左手向左侧抓，然后向右屈肘亮掌，掌贴于右肩端；目视右掌。（图 18）

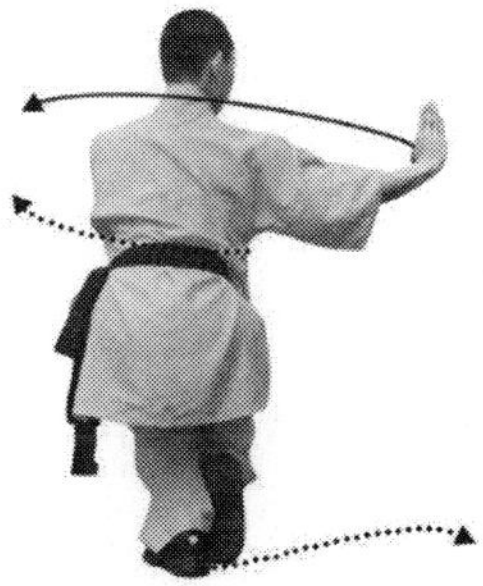

图 18

18. 雄狮张口

两脚踬地，向右转体180度，左脚向左一步，两腿屈膝略蹲成马

步；同时右臂随势向右上方斜肘反掌，左臂由左向右屈肘斜掌，与右掌上下相应，形如抱球；目视前方。（图19）

收 势

起身，收左脚；两掌同时向外向上往内下方画弧，然后两臂下垂，五指并拢，两掌贴于大腿外侧，掌心向里，掌指向下；身体挺直；目视前方。（图20）

图 19

图 20

护山子门罗汉十八手

动作名称

预备势

1. 起　势

2. 第一手

3. 第二手

4. 第三手

5. 第四手

6. 第五手

7. 第六手

8. 第七手

9. 第八手

10. 第九手

11. 第十手

12. 第十一手

13. 第十二手

14. 第十三手

15. 第十四手

16. 第十五手

17. 第十六手

18. 第十七手

19. 第十八手

20. 收　势

还原势

动作图解

预备势

两脚并拢，双腿直立，挺胸抬头；两手五指并拢，贴于大腿外侧，成立正姿势；目视前方。（图 1）

1. 起　势

左脚提起，向前踏出半步，脚尖点地，身向下坐成左虚步；同时，两掌经腰侧向前摆出，直臂前送，接着向左右分开，左高右低，微屈肘置于胸腹间；目视前方。（图 2）

图 1

图 2

两脚不动，仍成左虚步；两掌外分，两臂屈肘略收，接着右掌变拳，置于左肘内侧，左掌成立掌，与右拳抱成月形，从肩前推出；目视前方。（图3）

2. 第一手

两腿不动，仍成左虚步；右拳变掌，向右侧掠去，变勾手置于身体右侧；随势左掌向左掠去，成立掌置于胸前；目视前方。（图 4）

图 3

图 4

3. 第二手

左脚踏实，右腿向前一步，左腿伸直，重心前移成右弓步；同时，左掌变拳外掠，收回藏于腰间，拳眼向外；右掌握拳收拢，再顺势从腰间冲出，拳心向下；身躯挺直；目视右拳。（图5）

4.第三手

右脚提起，重心前移，身体略向下坐；左拳变掌前摆，右拳也变掌，收于腰间；同时右膝向上顶击，上体略右转；目视左前方。（图6）

5. 第四手

右脚前落，右腿屈膝成右弓步；同时，两掌变拳，向两侧略分内旋，再顺势以拳背走弧线向胸前回击，拳背相对，拳眼向下；目视前方。（图7）

图 5

图 6

图 7

6. 第五手

两腿不动，仍成右弓步；左拳向外再向内绕弧搭于右肘弯处，同时，右拳向下挥转，再翻腕向上打出，拳背向前，拳面向上；目视右拳。（图 8）

7. 第六手

左脚提起向左踏出，脚尖点地，顺势向左转体 90 度，成左虚步；同时，左拳离开右肘弯，向左掠，左臂屈肘置于左肩前，拳心向后，右肘略屈，右拳向右略摆，置于体前侧；目视右前方。（图 9）

左膝前顶，重心前移，右腿蹬直；同时左拳外掠，收拢靠于腰间，拳心向上；右拳下沉，经腰间转出，向上以勾拳击出，拳心向后，拳面向上，置于下腭前；目视前方。（图 10）

图 8

图 9

图 10

8. 第七手

右脚提起向右侧踏出虚点，上体略左倾；左拳仍置腰间；

右拳变掌，向右前方掠出，掌指向上，掌心斜向前；目视右掌。（图11）

向右转体 90 度，右膝前顶，重心前移，左腿蹬直成右弓步；同时，右掌变拳，收回靠于腰间；左拳从腰间转出，以勾拳向上猛击；上体略前倾；目视左拳。（图 12）

9. 第八手

左脚提起，左腿向右前方踢出，重心右移落在右腿上；两臂不动，身体略向下沉；目视前方。（图 13）

图 11

图 12

图 13

左脚不落地，快速后摆，顺势向左转体180度，两腿成左弓步；上体略左倾；同时，左拳变掌向右掠下，右掌搭在左肘弯上；目视前方。（图14）

右膝外摆，向右顶出，顺势向右转体180度，成右弓步；同时，左掌搭在右肘弯处，右拳向上方挥击，拳面向上，拳心向后；目视右拳。（图15）

10. 第九手

向左转体 90 度，成右弓步；同时，左拳变掌向左前方掠去，掌指向上，掌心斜向前；右拳握紧，运全力注于拳端；上体略后仰；目视左掌。（图 16）

图 14

图 15

图 16

左膝前顶，向左转体 90 度，成左弓步；同时，右拳经耳际向前击出，拳心向下；左掌右掠，搭于右臂上；上体略前倾；目视右拳。（图 17）

11. 第十手

右脚向前上一步，右腿屈膝成右弓步，上体左转；同时，左掌向前掠，右拳变掌前抓，接着两掌握拳，做抓物后摔之状；身体随势

左转；目视前方。（图 18）

12. 第十一手

两腿不动，仍成右弓步；右拳收拢靠于胸前；左拳变掌向左下方掠下，再收回胸前扣于右拳上，用力推右肘前顶；腰顺势左转；目视前方。（图 19）

图 17

图 18

图 19

13. 第十二手

向左转体45度，两腿屈膝成马步；同时，左掌经胸前向左掠去；右拳外摆，置于体侧；目视左下方。（图20）

向左转体90度，右腿顺势提起向前踢出；左膝略屈，身体下蹲；同时，右拳下掠至腰间，左掌端于腰间；目视前方。（图21）

右脚踏实，右腿屈膝前移，成右弓步；右拳变爪，右爪向前上方摆击，手心向左，左掌后甩，置于体后，上体略前倾；目视前方。（图22）

图20

图21

图 22

14. 第十三手

左脚抬起，重心前移置于右脚上，顺势左腿向前踢出，腰略右转成虚步；右臂略屈肘后收，置于胸前，左掌成勾手置于体后；目视前方。（图 23）

向左转体180度，左脚后摆落地踏实，左腿屈膝成左弓步，右脚尖点地；同时右手握拳下沉，虎口向前，左勾手握拳前掠，置于腹前；目视前方。（图24）

向右转体 180 度，右脚踏实，屈右膝成右弓步；随势两拳由下向上击出，右拳在上，左拳在下，拳心斜向上；目视前方。（图25）

图 23

图 24

图 25

15. 第十四手

两腿不动，上体左转90度，重心落在右腿上；左拳变掌，顺势左掠，置于左侧；右拳外摆，置于右肩外侧；目视左掌。（图26）

向左转体90度，左腿屈膝成左弓步；左掌外掠，握拳置于腰间；右拳顺势向前冲出；上体略前倾；目视前方。（图27）

图 26

图 27

16. 第十五手

右腿屈膝前顶成独立势；同时左拳变掌前伸，右拳变掌与左掌同时下按；上体保持正直；目视前方。（图 28）

17. 第十六手

右脚前落，左腿前上一步，成左弓步；两掌变拳，向左右略分，然后迅速前摆，向里环击，拳眼向下，拳背相对；上体略前倾；目视前方。（图 29）

图 28

图 29

18. 第十七手

右腿前上一步，成右弓步；左拳变掌搭于右肘弯上；右拳略沉，右臂屈肘向上摆击；同时腰略左转；目视前方。（图 30）

19. 第十八手

向左转体 90 度，两腿屈膝成马步；同时左掌向左掠；右拳略沉，置于体右侧；目视左前方。（图 31）

图 30

图 31

向左转体 90 度，左脚踏实，右腿伸直，成左弓步；顺势左掌握拳收回腰间，拳心向上；右拳向前冲击，拳心向下；目视前方。（图 32）

20. 收　势

重心后移，左脚提起，脚尖点地成左虚步，左拳向前击出，与右拳并齐，同时变掌，向左右分开。（图 33）

两手翻腕向上，双肘略屈，右手握拳，左掌扣在右拳上，向前推出，形如抱月势。

图 32

图 33

还原势

起身，左脚收回，两脚并拢立正；同时两臂伸直，两手成掌贴于大腿外侧；身体挺直；目视前方。（图 34）

图 34